Productividad

*Supera la Procrastinación y
logra más en menos tiempo*

Rowan Marshall

©Copyright 2021 por Cascade Publishing

Todos los derechos reservados.

No es legal reproducir, duplicar o transmitir cualquier parte de este documento, ya sea por medios electrónicos o en formato impreso. La grabación de esta publicación está estrictamente prohibida.

Contenido

Introducción 1

Capítulo 1: Haz que la productividad trabaje para ti 4

    La autodisciplina facilita la productividad 4

    Cómo mejorar la autodisciplina 6

    Superar la procrastinación para impulsar la productividad 11

    El círculo vicioso de la procrastinación reduce la productividad ... 14

Capítulo 2: Crear hábitos saludables que promuevan la productividad 15

    Cambios de hábitos de vida que mejoran la productividad 16

Capítulo 3: Manteniendo la mente clara 26

    Utilizar el mindfulness para mantener la concentración en el presente 26

    Guía de Meditación Mindfulness 30

    Cómo iniciar tus labores 33

Capítulo 4: Estrategias de productividad 36

    Cómo eliminar las distracciones y las tentaciones 36

    Sistema de recompensas 38

    La técnica Pomodoro 38

    La regla de los dos minutos y la motivación 40

    Bloqueo del tiempo 42

    Juega con tu lista de tareas 43

    Fijación de objetivos 43

    Externalización de tareas 44

    La regla del 80-20 45

    La Ley de Parkinson 45

Conclusión 47

Introducción

La productividad puede ser la diferencia entre tardar una hora en completar una tarea, o tardar cinco horas en completar exactamente esa misma tarea. El aumento de la productividad es algo que se recomienda a todo el mundo, independientemente del motivo, y siempre debe recibirse con los brazos abiertos. Un atleta puede aumentar la productividad para que sus entrenamientos sean más eficientes y, como resultado, aumentar su fuerza, velocidad o resistencia. Un empresario se beneficiará de la mejora de su productividad para hacer crecer y escalar su negocio a nuevas alturas. Independientemente de la finalidad de la productividad, la receta sigue siendo la misma.

La productividad es una combinación directa de la autodisciplina y tu capacidad para superar la procrastinación. La autodisciplina es una de las habilidades más útiles que se pueden esgrimir. Es una habilidad que beneficia a todos los aspectos de tu vida. A pesar de que mucha gente entiende la importancia de esta habilidad, no muchos se toman el tiempo y el esfuerzo para mejorar su disciplina. Un mito común en relación con la autodisciplina es que quienes la practican viven siempre con un estilo de vida estricto y limitado. Por el contrario, la autodisciplina solo significa tener un mejor autocontrol y aumentar la fuerza interior para controlarse a sí mismo, su comportamiento y sus reacciones.

La autodisciplina consiste en negar la gratificación instantánea y el placer a cambio de una ganancia más significativa, que requiere esfuerzo y tiempo para conseguirla. La mayoría de la gente sabe que la autodisciplina es uno de los componentes más cruciales cuando se trata del éxito, pero fracasa cuando llega el momento de poner el trabajo. Es posible que notes que muchas personas autodisciplinadas no temen el fracaso, prosperan ante la adversidad y siguen adelante, se atienen a las rutinas/planes/dietas/etc. y se hacen responsables sin importar el coste.

La segunda parte de la receta para la productividad es superar la procrastinación. La procrastinación es tan común que industrias enteras como la de la autoayuda están valoradas en más de 9.000 millones de dólares. Están llenas de programas, libros y material para ayudar a la gente a superar este frustrante hábito. La procrastinación es un reto al que todo el mundo se enfrenta en algún momento de su vida. Desde que existe la raza humana, las personas han luchado por evitar, retrasar y procrastinar tareas sencillas, e incluso las que más les importan.

En nuestros destellos más productivos, los momentos en los que hemos descubierto temporalmente cómo superar la procrastinación, a menudo nos sentimos realizados y satisfechos. No te preocupes; no estás solo en la búsqueda de una alta productividad. Este contratiempo está tan documentado y es tan imperecedero que antiguos filósofos griegos como Aristóteles y Sócrates crearon una palabra para describir la procrastinación: Akrasia. Akrasia significa "el estado de actuar en contra del propio juicio". Se traduce como "cuando una persona está haciendo algo, aunque sabe que debería estar haciendo otra cosa". Una paráfrasis de esto es que la acrasia es simplemente una falta de autocontrol. La definición moderna de procrastinación es "el acto de retrasar o posponer una tarea o conjunto de tareas". En última instancia, tanto si te refieres a la procrastinación como a la akrasia, o incluso a otra cosa, todo conduce al mismo significado, que es la "fuerza" que te impide hacer las cosas que te habías propuesto hacer.

Podrás elevar mucho la productividad si consigues una mayor autodisciplina y reduces la procrastinación. Además, al implementar hábitos más saludables que ayuden con los dos ingredientes de esta receta, comenzarás a automatizar ciertos comportamientos y tareas para hacer crear un efecto dominó. Los capítulos de este libro te ayudarán a entender mejor la ciencia que hay detrás de esto y lo que necesitas hacer para lograr una mayor productividad.

Capítulo 1:

Haz que la productividad trabaje para ti

La productividad es un equilibrio saludable entre la utilización de un fuerte sentido de autodisciplina para completar las tareas esenciales y la superación de los impulsos de procrastinación. Saber cómo aumentar tu autodisciplina mientras superas tus hábitos destructivos te ayudará a maximizar tu productividad. Aprende a superar la procrastinación identificando las excusas comunes que se utilizan para procrastinar y cómo evitar el círculo vicioso de la procrastinación.

La autodisciplina facilita la productividad

Entender la psicología que hay detrás de la autodisciplina es excepcionalmente importante, ya que te ayudará a saber cuáles son los factores que la impulsan. Uno de los principales factores que impulsan la autodisciplina es la fuerza de voluntad. Es sorprendente que mucha gente crea que podría cambiar su vida para mejor si se le inculcara más fuerza de voluntad. Si todo el mundo aplicara más fuerza de voluntad, ahorraría responsablemente para la jubilación, haría ejercicio con regularidad, dejaría de procrastinar, aumentaría la productividad y lograría todos sus nobles objetivos. Una encuesta que estudió el estrés anual de los estadounidenses descubrió que la mayoría de los participantes declararon que la falta de fuerza de voluntad era la razón número uno para no alcanzar los objetivos que se proponían.

El estudio descubrió que el mayor obstáculo para cualquiera que desee lograr un cambio era la falta de fuerza de voluntad. Si bien muchas personas suelen culpar a la escasez de su fuerza de voluntad por sus decisiones poco saludables, siguen aferrándose a la esperanza de lograrla algún día. La mayoría de los participantes en este estudio también informaron de que creen que la fuerza de voluntad se puede enseñar y aprender. Y tienen razón. Existen numerosas técnicas que podemos aplicar para reforzar nuestra fuerza de voluntad con algo de entrenamiento y práctica.

La falta de autodisciplina no es la única razón por la que alguien fracasa en la consecución de sus objetivos. Los psicólogos en el campo de la fuerza de voluntad han construido tres componentes críticos cuando se trata de lograr metas. En primer lugar, se dice que es necesario establecer un objetivo claro y luego establecer la motivación para el cambio. El segundo componente es controlar su comportamiento con respecto a ese objetivo. La fuerza de voluntad en sí es el tercer y último componente. Si tu objetivo es similar a los siguientes: dejar de fumar, ponerte en forma, estudiar más o dejar de perder el tiempo en Internet, la fuerza de voluntad es un concepto fundamental que debes entender si quieres alcanzar cualquiera de esos objetivos.

En definitiva, la fuerza de voluntad consiste en resistirse a las tentaciones e impulsos temporales para lograr objetivos a largo plazo. He aquí varias razones por las que esto es beneficioso. Durante un año escolar normal, los psicólogos realizaron un estudio que examinó el autocontrol en una clase de estudiantes de octavo grado. Los investigadores de este estudio hicieron una evaluación inicial de la autodisciplina de los estudiantes pidiéndoles a ellos, a sus padres y a sus profesores que rellenaran un cuestionario. Dieron un paso más y ofrecieron a estos estudiantes la opción de decidir si querían recibir 1 dólar en este momento, o 2 dólares si esperaban una sola semana. Al final del estudio, los resultados resaltaron que los estudiantes que tenían mejores resultados en los exámenes, mejor asistencia a la escuela, mejores notas y que participaban en programas competitivos de la escuela secundaria, tenían una alta calificación en la evaluación de la autodisciplina. Dichos investigadores descubrieron que la autodisciplina desempeñaba un papel más importante que el coeficiente intelectual a la hora de predecir el éxito académico. Otros estudios han llegado a conclusiones similares.

En otro estudio, los investigadores pidieron a un grupo de estudiantes universitarios que rellenaran cuestionarios de autodisciplina que utilizaron para evaluar el autocontrol de los estudiantes. Estos investigadores desarrollaron una escala que ayudaba a puntuar a los estudiantes según su fuerza de voluntad. El estudio descubrió que los estudiantes con más autoestima, mejores habilidades para relacionarse, un GPA más alto y menos abuso de alcohol o drogas tenían las puntuaciones de autocontrol más altas.

Cómo mejorar la autodisciplina

Se pueden hacer muchas cosas para aprender autodisciplina y aprovechar tu fuente de fuerza de voluntad para empezar a ser más productivo. A continuación se presenta una guía de 10 pasos que puedes seguir. Esta guía es una forma infalible de empezar a mejorar tu autodisciplina para impulsar una mayor productividad.

1. Identifica tus puntos débiles.

Todo el mundo tiene sus propias debilidades y tentaciones. Pueden ir desde un tipo específico de comida como el chocolate, una plataforma de medios sociales como Instagram, o incluso un videojuego recién estrenado. Sea cual sea la tentación, el efecto es igual de perjudicial para todos.

El primer paso para dominar tu autodisciplina es reconocer tus defectos, sin importar cuáles sean. La gente suele intentar disimular sus debilidades o fingir que no existen para presentarse como individuos fuertes. Esta forma de evitarlo es excepcionalmente ineficaz en relación con la mejora de la autodisciplina. El propósito de reconocer tus debilidades no es hacerte sentir mal, sino que te ayuda a reconocer tus puntos débiles y a planificar cómo superarlos. Reconoce tus defectos; es imposible superarlos hasta que lo hagas.

2. Elimina tus principales tentaciones.

Una vez que hayas aceptado tus debilidades, puedes pasar al segundo paso, eliminar tus tentaciones. Como mencionamos en el primer paso, cada persona tiene su propio conjunto de defectos, y puede ir desde pequeños impulsos como un bocadillo poco saludable hasta algo más drástico que dificulte tu productividad, como jugar a un videojuego durante horas. Si entiendes tus defectos, puedes hacer adaptaciones para ti mismo que te ayuden a eliminar algunas de esas tentaciones.

3. Establece objetivos concretos y redacta un plan de ejecución.

Para seguir fortaleciendo tu autodisciplina, debes tener una visión clara de los objetivos que intentas alcanzar. Asimismo, es importante tener una idea de lo que significa realmente el éxito. Si no sabes a dónde quieres llegar o qué implica alcanzar tus objetivos, es fácil que pierdas el rumbo o te desvíes.

Asegúrate de que los objetivos que estableces tienen un propósito claro y conciso. Por ejemplo, no utilices objetivos como "Quiero ser rico en los próximos cinco años". Este objetivo es demasiado amplio para que tenga un significado convincente. En su lugar, debes construir un objetivo que sea cuantificable como "Estoy planeando ahorrar 20.000 dólares para finales de este año". Posteriormente, ahora tienes un objetivo cuantificable, y puedes crear una estrategia que tenga sentido para ti. Para profundizar en esto, puedes desglosar estos objetivos aún más y averiguar dónde puedes ahorrar dinero, o cómo puedes ganar aún más dinero de forma paralela.

4. Empieza a practicar tu autodisciplina utilizándola realmente.

Cuanto más tiempo pases practicando la autodisciplina, más difícil puede resultar seguir utilizando tu fuerza de voluntad. A veces, cuando una persona se enfrenta a una gran tentación o decisión, puede sentir que al superar esa considerable tentación le resulta más difícil seguir superando otras tareas que requieren autodisciplina. La única manera de superar esto es tener la mentalidad adecuada y un buen conjunto de objetivos preparados. El hecho de tener una buena mentalidad crea un amortiguador para la rapidez con la que se agota la fuerza de voluntad. La preparación también es crucial, entender lo que va a venir después te ayuda a prepararte mentalmente antes de que ocurra realmente, limitando cualquier posible sorpresa o tentación.

5. Construir nuevos y saludables hábitos.

Para reforzar su autodisciplina, es preciso inculcar nuevos hábitos, lo cual puede resultar inmediatamente muy intimidante, sobre todo si centramos toda nuestra atención en el objetivo final. Para evitar esta sensación de desaliento, haz que los cambios sean muy sencillos. Divide tus objetivos más grandes en hábitos más pequeños y alcanzables. En lugar de intentar alcanzar un objetivo colosal de una sola vez, o de modificar todos sus hábitos destructivos, céntrate simplemente en emprender un solo hábito de forma constante, y ejerce tu autodisciplina con esa pequeña tarea. Una vez que te sientas cómodo con ese nuevo hábito, intenta añadir algo nuevo. Recuerda que en cualquier momento, si te sientes abrumado, no hay nada malo en dar un paso atrás y volver a revisar esos hábitos adicionales en otro momento.

6. Incorporar una dieta saludable.

¿Sabías que los niveles de glucosa desempeñan un papel importante en el cerebro humano? La sensación de tener hambre puede hacer que las personas se sientan enfadadas, molestas e irritadas. Esta sensación es real y todo el mundo la ha experimentado alguna vez, lo que posiblemente debilite su fuerza de voluntad. La investigación ha encontrado pruebas de que tener un nivel bajo de azúcar en sangre debilita la capacidad de una persona para tomar buenas decisiones.

Cuando tienes hambre, tu capacidad de concentración se resiente mucho, y tu cerebro no funcionará a un nivel óptimo. En consecuencia, es probable que tu autocontrol se debilite en este estado. Para evitarlo, asegúrate de hacer varias comidas pequeñas para evitar esa molesta sensación de hambre, que puede hacer que tengas un lapsus de juicio. Como el ejercicio de la fuerza de voluntad consume mucha energía del cerebro humano, asegúrate de seguir alimentándolo con suficiente glucosa para que el cerebro pueda seguir funcionando al máximo.

7. Ajusta tus creencias sobre la fuerza de voluntad.

La percepción interna de una persona sobre la fuerza de voluntad y el autocontrol desempeña un papel muy importante a la hora de determinar la cantidad de fuerza de voluntad que cultiva. Si una persona puede eliminar estos obstáculos creyendo que tiene una gran reserva de fuerza de voluntad y creyendo en sí misma, es menos probable que agote su fuerza de voluntad que alguien que cree que tiene un suministro limitado. Así que intente cambiar su percepción de cómo ve su fuerza de voluntad. Intenta pensar en ella como una fuente que aún puede agotarse, pero que tiene una mayor reserva almacenada.

8. Diseña siempre un plan de respaldo.

Muchos psicólogos utilizan una técnica muy conocida que ayuda a potenciar la fuerza de voluntad llamada "intención de implementación". Esta técnica consiste en generar un plan a seguir cuando te enfrentes a una situación potencialmente difícil. Mediante la elaboración de una estrategia antes de entrar en esa situación de prueba con tentaciones destructivas, tendrás un plan de acción al que podrás recurrir instintivamente, en lugar de tener que inventar una excusa o una idea en el momento y arriesgarte a fracasar. Al entrar en estas situaciones con un plan de acción, te permites una mentalidad más fuerte y, a su vez, más autocontrol para superar los obstáculos que puedan interponerse en tu camino. Ahorrarás mucha energía al no tener que tomar decisiones repentinas o hacer planes repentinos basados en tu estado emocional en el momento actual. Este ahorro de energía hará que sea menos probable que cedas a las tentaciones y más probable que ejerzas tu autodisciplina.

9. Recompénsate con frecuencia.

Como todo en la vida, es necesario darse un respiro y recompensarse de vez en cuando. Regálate algo que te haga ilusión planificando una recompensa adecuada al cumplir tus objetivos. Este concepto no es muy diferente al de cuando eras un niño pequeño y recibías un regalo de tus padres por demostrar un buen comportamiento. Cuando tienes algo que te hace ilusión, te da la motivación extra que necesitas para tener éxito.

10. Perdona tus fallos y sigue progresando.

Incluso con las mejores intenciones y los planes más pensados, a veces pueden quedarse cortos. Evitar el fracaso por completo es imposible, y no debemos construir una mentalidad en torno a esa ideología. Todo el mundo tendrá sus altibajos, sus éxitos y sus fracasos. Pero la clave para superar los fracasos a los que te enfrentarás es simplemente seguir avanzando. Si tropiezas en tu viaje de autodisciplina, en lugar de rendirte del todo, reconoce la causa, aprende de ella y sigue adelante. No te dejes atrapar por la frustración, la ira o la culpa, porque estas emociones son las que te desmotivarán y se interpondrán en tu progreso futuro.

Superar la procrastinación para impulsar la productividad

En el mundo en el que vivimos hoy, en el que abundan las distracciones, la procrastinación se está convirtiendo en el principal adversario de la productividad. Comprender las excusas que se utilizan habitualmente para fomentar la procrastinación le ayudará a reorientar su enfoque. Conozcamos cuáles son las excusas más comunes y cómo funciona el proceso de procrastinación.

1. "Lo haré mañana".

Un viejo refrán dice: "Nunca dejes para mañana lo que puedas hacer hoy". Por desgracia, este dicho no se sostiene bien ante la tentación o la gratificación instantánea. En lugar de oponerte a la tentación, intenta pensar que te estás haciendo un favor a ti mismo. Prométete algún tipo de recompensa (por ejemplo, comprar tu comida favorita para llevar o darte un buen baño) si completas esa tarea requerida hoy en lugar de "mañana".

2. "No tengo tiempo para hacer esto ahora mismo".

Las personas que más recurren a esta excusa suelen ser profesionales muy ocupados. Si estás frecuentemente en movimiento y completando tareas pero nunca llegas al final de tu lista de cosas por hacer, puede parecer natural pensar que no tienes tiempo para la tarea que te prometiste que harías. No obstante, esta mentalidad tiene un gran defecto. Se trata de una cuestión de prioridades. Siempre habrá tiempo para trabajar en algo; solo hay que hacerle un hueco.

3. "Esto es demasiado difícil de hacer ahora; lo haré más tarde".

Las personas que se disponen a realizar grandes tareas sin crear un plan suelen ser víctimas de esta excusa. Cuando miras un conjunto de tareas enorme, todo lo que puedes ver es lo grande y abrumadora que es esa entidad. Si lo único en lo que piensas es en lo grande que es esa carga de trabajo, es casi de esperar que quieras evitarla durante el mayor tiempo posible. En lugar de considerar la gran tarea como una unidad monstruosa, divídela en trozos más pequeños. Si divides tu tarea en objetivos más pequeños y te centras en esas pequeñas tareas de forma individual, te parecerá mucho menos intimidante.

4. "Empezaré a trabajar en la tarea B cuando haya terminado la tarea A".

Cuando tienes dos tareas u objetivos que compiten entre sí, inevitablemente, uno de ellos va a quedar en segundo plano por el momento. Si bien puede ser ventajoso tener más de una prioridad, dividir tu atención no es lo ideal para afrontar múltiples tareas. Por ejemplo, supongamos que estás trabajando en dos proyectos con la misma fecha de entrega al final de la semana. Al final de tu primer día de trabajo, ya has conseguido un impacto considerable en el proyecto A, pero no quieres empezar el proyecto B porque no quieres cambiar de marcha. Ten en cuenta que no hay ningún problema en cambiar de marcha antes de completar una tarea. Puede que haya algún tiempo de inactividad, lo que podría ser un momento perfecto para cambiar y preparar la tarea B y acelerar tu carga de trabajo. Recuerda que el progreso es el progreso, y que mientras te concentres en tus tareas, todo irá bien.

5. "Esta tarea es realmente importante; necesita toda mi atención".

Las víctimas más comunes de esta excusa son tus profesionales nerviosos. Por ejemplo, supongamos que has descuidado un gran proyecto durante bastante tiempo, pero hay una tonelada de tus tareas diarias que todavía tienes que completar. Si realmente crees que tu proyecto es lo más importante en este momento, puedes decidir hacerlo en un momento en el que no estés tan distraído por otras tareas triviales. Siempre te encontrarás con interferencias, y no hay un momento "perfecto" para hacer algo. En lugar de decir que ahora no es el mejor momento para trabajar en ello, divídelo en tareas más pequeñas y haz una de ellas en medio de tus otras tareas.

6. "Ahora mismo estoy demasiado cansado para hacer esto (o estresado, enfadado, triste...)"

Esta excusa es probablemente la más común y tentadora de todas. Si te encuentras con un estado de ánimo negativo, lo único que quieres es dejar de trabajar y hacer algo que te haga sentir mejor. Esto podría incluir simplemente sentarse en casa a relajarse o salir a tomar una cerveza. Luego puedes empezar a racionalizar que terminarías tu trabajo más rápido y serías más productivo si intentaras hacerlo más tarde, cuando te sientas con más ganas. Hay dos aspectos importantes a tener en cuenta aquí. En primer lugar, es imposible saber de qué humor te vas a encontrar en el futuro. Por lo que sabemos, podrías estar del mismo humor mañana y caer en la misma excusa en una especie de bucle improductivo. En segundo lugar, no es un pensamiento común, pero trabajar en una tarea difícil puede realmente mejorar tu estado de ánimo. La sensación de logro y satisfacción que se obtiene al terminar una tarea, por muy agradable o desagradable que sea, a menudo puede sacarte del mal humor. Sobre todo si te regalas una recompensa después de cumplir lo que te has propuesto.

El círculo vicioso de la procrastinación reduce la productividad

La procrastinación surge de algunas de nuestras propias reglas y suposiciones poco útiles que tenemos de nosotros mismos y del resto del mundo. Cuando estas reglas y suposiciones se activan, te llevan a detectar algún tipo de incomodidad a la hora de emprender una tarea o trabajo que te has propuesto en el pasado. Si no puedes tolerar esta incomodidad, es probable que utilices la procrastinación para evitarla. La mayoría de las veces, se te ocurrirán justificaciones o excusas bastante convincentes para las diferentes formas de procrastinación. Así, se involucrará en actividades en busca de una gratificación instantánea que cree una distracción placentera como sustituto de la tarea prevista. Como contrapartida, surgen algunas consecuencias debido a esta procrastinación, que te harán más propenso a seguir por el camino de la procrastinación la próxima vez que te enfrentes a una tarea u obligación similar. Este ciclo se produce porque has recibido una "recompensa" o pago por tu procrastinación, y posteriormente has hecho que esa tarea sea aún más aversiva al evitarla en primer lugar.

Aquí tienes un pequeño gráfico que te ayudará a explicarlo mejor para visualizar este ciclo.

Abordar tarea/objetivo

Se activan reglas y suposiciones inútiles
- Búsqueda de placer, miedo al fracaso o a la desaprobación, necesidad de estar al mando, miedo a la incertidumbre o a las catástrofes, baja confianza en uno mismo, energía agotada

Impulsado por el malestar
Detectar la incomodidad de la tarea o el objetivo, el disgusto por la sensación de incomodidad, el impulso de evitar la incomodidad aumenta + excusas de procrastinación

Actividades de procrastinación
Búsqueda de gratificación instantánea

Consecuencias

Seguir postergando para la próxima vez

Capítulo 2:

Crear hábitos saludables que promuevan la productividad

Nuestra rutina diaria, incluida la forma en que trabajamos, nos relajamos y nos divertimos, se basa en nuestros hábitos. Ahora, aprendamos un poco sobre cómo los humanos desarrollan hábitos. ¿Por qué cuando la mayoría de las personas intentan romper sus hábitos y cambiarlos para mejor, parece que solo pueden mantenerlos durante cierto tiempo antes de volver a sus viejas costumbres y abandonarlos por completo? La respuesta es que el cerebro humano necesita la repetición para crear hábitos a lo largo de muchos meses, años y décadas. Los hábitos son las vías neuronales que el cerebro ha solidificado a lo largo del tiempo. Esta formación de vías ocurre a nivel biológico. Estas vías neuronales se encargan de enlazar las redes neuronales del cerebro humano para realizar una función específica, como preparar un café de una manera determinada, subir las escaleras o fumar un cigarrillo.

Las vías neuronales del cerebro humano nos ayudan a automatizar acciones y comportamientos específicos que realizamos a menudo para reducir la capacidad de procesamiento consciente del cerebro. Esto permite a la mente centrarse en funciones alternativas en lugar de las tareas habituales que ha ensayado mil veces. Esta capacidad se desarrolló en una etapa temprana de la evolución de la especie humana y está incrustada en nuestro ADN; permite a la raza humana una cognición más eficiente que puede desviar hacia pensamientos más críticos.

Por lo general, son los comportamientos rutinarios que realizamos repetidamente cada día los que nos impiden desarrollar hábitos saludables. Con el tiempo, es posible que hayas cultivado una gran cantidad de hábitos perjudiciales, que añaden un valor negativo a tu vida, en contraposición a los buenos hábitos que te impulsan a alcanzar tus objetivos y aspiraciones. Dado que sus vías neuronales se afianzan cada vez más con el tiempo, resulta más difícil romper con los malos hábitos y empezar a cultivar comportamientos más saludables con todos los hábitos perjudiciales preexistentes que se interponen implacablemente en el camino. Sin embargo, si puedes intentar incorporar a tu vida los siguientes hábitos que vamos a comentar, descubrirás que fortalecer tu productividad puede ser mucho más fácil.

Cambios de hábitos de vida que mejoran la productividad

Veamos ahora algunos hábitos diferentes que te ayudarán a aumentar tus niveles de productividad y a mejorar tu autodisciplina simultáneamente.

1. Practica la gratitud con frecuencia.

Un gran problema en nuestro mundo moderno hoy en día es que nos distraemos constantemente con millones de artículos sofisticados, pensamientos, experiencias, etc., que nos hacen estar siempre deseando algo más o algo más. Esta distracción hace que dediquemos demasiado tiempo a pensar en todas las cosas que queremos. Crear el hábito de expresar gratitud nos impide desear siempre las cosas que no tenemos y avanzar hacia el aprecio y la satisfacción de las cosas que tenemos. Cuando expresas agradecimiento, puedes empezar a hacer cambios notables en tu vida.

Los efectos de practicar y mostrar gratitud son extremadamente beneficiosos. Apoyando todo, desde la mejora de la salud mental, el bienestar emocional, la espiritualidad, la gratitud es capaz de tantos efectos extraordinarios. Practicar la gratitud es un ejercicio que se implementa incesantemente en la terapia para ayudar al cliente a alejarse de los juicios negativos y fomentar la atención plena y la positividad. La gratitud nos ayuda a movernos hacia un estado de abundancia y a alejarnos de una sensación de carencia. Cuando uno se queda atascado en un estado de carencia, resulta difícil centrarse en la consecución de los objetivos e invita a la productividad. Evita gastar demasiada capacidad mental y energía preocupándote por cosas que no tienen valor, o viviendo con miedo hasta el punto de olvidarte de las cosas que ya tienes.

Por desgracia para algunos, este estado de carencia también puede madurar en síntomas físicos más evidentes. Un indicio es el estrés, en el que el cerebro liberará instintivamente cortisol y epinefrina, que son las hormonas del estrés de nuestro cerebro. Estas hormonas afectan a numerosos sistemas del cuerpo humano. Cuando uno se estresa, el sistema inmunológico, el sistema digestivo y el sistema reproductivo se ven afectados. Animarse a dedicar unos momentos cada día a escribir todo aquello por lo que estamos agradecidos puede ser un gran ejercicio. Sí, puede haber momentos en los que sientas que no tienes nada que agradecer, profundiza y considera que a veces estar agradecido por cosas sencillas como tu salud es más que suficiente. Puede ser algo muy sencillo, como el buen tiempo, la breve pero amable conversación que has tenido con tu camarero, o incluso el hecho de haber visto a ese bonito perro de camino a casa.

2. El perdón.

Si llevas una vida acelerada, ¿con qué frecuencia te encuentras enfadado, frustrado o molesto? Debido a la insana cantidad de comodidades a las que nos acostumbramos en nuestro día a día, las simples irritaciones que se producen a lo largo del día pueden provocar una espiral de emociones negativas. Imagínate esto: tienes prisa por llegar al trabajo y resulta que ese día llegas tarde. La cafetería en la que sueles parar para tomar tu café matutino tarda una eternidad en completar tu pedido. Cuando por fin consigues tu café, te das cuenta de que el camarero ha hecho mal tu pedido, pero por supuesto no tienes tiempo de arreglarlo. Ese simple error humano te ha llevado a una espiral de frustración y enfado. Luchas por dejarlo pasar, y más tarde descubres que ha tenido un impacto negativo en todo tu día. Esta mentalidad te lleva a consumir gran parte de tu fuente de energía disgustado por este pequeño percance. Descubrirás que no tienes suficiente capacidad mental para centrarte en otras tareas como practicar tu autodisciplina para mejorar la productividad. Cuando pasas la mayor parte de tus días sintiendo culpa, ira o arrepentimiento, estás cultivando más problemas que resoluciones. Las emociones de ira y odio consumen mucha más energía dentro de tu cuerpo que las emociones positivas como el perdón y el amor. Lo mejor es que el perdón es algo que puedes aprender. Y cuando aprendas a perdonar, serás capaz de dejar ir las cosas y seguir adelante.

Sin el perdón, simplemente te costará mantener altos niveles de productividad. Si estás demasiado preocupado por el daño que te ha hecho alguien o algo, te resulta casi imposible centrarte en alcanzar tus objetivos o en mantener tu disciplina. Si alguien te ha hecho daño en el pasado, intenta aprender a perdonar lo suficiente como para perdonarle. Hacer esto no significa que tengas que olvidar por completo lo que te hicieron. Simplemente perdona y deja ir esa energía negativa y libérala de nuevo al universo, en lugar de mantener esa negatividad almacenada dentro de tu cuerpo. Cuando realizamos el acto de perdonar, estamos dejando ir la energía negativa que inhibe nuestra capacidad de practicar una alta productividad. Si quieres maximizar tu productividad, tienes que deshacerte de las fuentes que chupan tu energía mental. Aferrarse a las emociones negativas, como la ira, es una forma segura de drenar tu energía. Aunque a primera vista el perdón no parezca un hábito que impulse la productividad, es una práctica extremadamente crucial que hay que mejorar.

3. Mindfulness y meditación.

Al igual que la gratitud, la meditación es una técnica comúnmente utilizada para ayudar a las personas a practicar la atención plena cuando sufren de ansiedad, estrés o depresión. La meditación es un gran ejercicio que te ayuda a tranquilizar tu mente y te proporciona un equilibrio en forma de espiritualidad que puedes utilizar como medio de crecimiento. Cuando practicas la meditación, alejas tu conciencia de las cosas del pasado y del futuro y la concentras en el momento presente. La capacidad de permanecer atento aumenta en gran medida tu capacidad de mantenerte concentrado en una tarea presente, evitando que tu mente se desvíe hacia posibles distracciones.

4. Establecimiento activo de objetivos.

Establecer objetivos pequeños pero alcanzables es mucho más eficaz que establecer objetivos amplios y grandes. El establecimiento de objetivos más pequeños es más cuantificable y, por ello, puede hacer un seguimiento de su progreso en lo que respecta a la consecución y evaluación de objetivos. Llevar un registro de los objetivos completados y de los no completados es una forma infalible de identificar el grado de productividad que estás teniendo y, por lo tanto, te permite modificar tus hábitos y estrategias de trabajo según sea necesario.

La fijación de objetivos pasivos y la fijación de objetivos activos son estrategias muy diferentes. La fijación de objetivos pasiva implica únicamente el establecimiento de objetivos sin planificar ni detallar cómo se alcanzará dicho objetivo. La fijación de objetivos pasiva no define realmente el objetivo real, lo que dificulta el seguimiento de su progreso y el conocimiento de lo que tiene que hacer para alcanzar ese objetivo a lo largo del camino. La fijación de objetivos activos es lo contrario a la fijación de objetivos pasivos. La fijación activa de objetivos implica la redacción de objetivos y su vinculación con una acción. Estos objetivos tienen que ser medibles y muy específicos. Para formar con éxito un objetivo activo, hay que definir un plan para conseguirlo. Por esta razón, tus objetivos a largo plazo se desglosan y se comprometen en objetivos más pequeños diariamente.

Poner en práctica la fijación de objetivos activos infunde la disciplina necesaria en tu interior porque estableces una dirección. Al desglosar tus grandes metas en objetivos diarios más pequeños, evitas las distracciones al centrarte en lo que tienes que hacer en el día de hoy. De esta manera, no te quedas pensando constantemente en un gran objetivo intimidante y sin saber cómo abordarlo.

Si tienes objetivos a largo plazo, como querer tener tu primera casa, pagar tu deuda estudiantil en los próximos tres años o tomarte seis meses de vacaciones para viajar por Europa, tienes que participar activamente en la planificación y el establecimiento de objetivos diarios, semanales y mensuales. Tienes que desempeñar un papel activo en el seguimiento de tu progreso hacia tus objetivos, y hacer revisiones en las áreas que crees que no están funcionando a tu favor.

Así que toma un bolígrafo y un trozo de papel y empieza a escribir los objetivos a largo plazo que tengas. Una vez que tengas escritos algunos objetivos a largo plazo, divídelos en objetivos mensuales, semanales y diarios. Empieza poco a poco cumpliendo tus tareas diarias y, cuando llegues a final de mes, evalúa si has progresado hacia tu objetivo mensual mediante el cumplimiento de tus tareas diarias. Si no lo has hecho, no pasa nada, vuelve a mirar tus objetivos diarios y comprueba si hay algo que puedas cambiar o perfeccionar para alcanzar el objetivo del mes siguiente. Si lo prefieres, esto también funciona en formato semanal. Utiliza el domingo como un reinicio semanal, tiempo para reflexionar sobre la semana pasada y también para planificar la semana siguiente.

5. Mantente organizado.

¿Te has dado cuenta de que cuando tu entorno está desordenado, es muy difícil estar cómodo y, por tanto, te lleva a estar desconcentrado y distraído? Naturalmente, a los seres humanos no les gusta vivir en un entorno sucio y desordenado. Para que puedas alcanzar tus objetivos y lograr la autodisciplina, necesitas mantenerte organizado en el paisaje digital o en el mundo que nos rodea. Esta aptitud organizativa también debe convertirse en un hábito incorporado a tu vida personal y profesional. Organizar tu vida incluye el acto físico de organizar las cosas que tienes en tu entorno, y también el acto mental de consolidar las cosas en tu mente.

Al vivir una vida organizada, estás viviendo una vida disciplinada. Si eres una persona que está constantemente dispersa y desorganizada, empieza con pequeños ajustes organizativos. Elige un pequeño espacio cada día para organizarte. Este espacio puede ser un solo cajón de la cocina, las cosas que hay en el escritorio o simplemente ordenar las cosas de la mesa de centro. Al día siguiente, elige otra cosa para organizar, como los cajones del baño o la ropa del armario. Empezarás a notar cuándo se acumula el desorden, y al tener un hábito de organización, organizarás inmediatamente las cosas a medida que las utilices, para no tener que dedicar tiempo a organizarlas más tarde.

Al desordenar tu casa o tu entorno de trabajo, tendrás un montón de áreas diferentes en las que podrás sentarte y trabajar en tus propios objetivos sin interferencias. ¿Alguna vez tu casa ha estado tan desordenada que cuando tienes la motivación para empezar a trabajar en algo, simplemente no tienes espacio para hacerlo? Para evitar esto, mantén tu casa u oficina limpia y organizada en todo momento, de modo que cuando tengas un arrebato de motivación, puedas encontrar un espacio de trabajo limpio y listo para trabajar sin distracciones.

Al igual que otros hábitos, el de organizarse puede aprenderse y mejorarse con el tiempo. Requiere tu atención y esfuerzo, pero es algo de lo que obtendrás muchos beneficios. Cuando vives en un espacio físico que está organizado y limpio, tu mente se volverá automáticamente más libre de estrés, tranquila, y dará lugar a una mayor capacidad de concentración. A su vez, al ser más organizado, estás aumentando tu capacidad de ser más autodisciplinado. Empieza a incorporar el buen hábito de devolver las cosas a su sitio cuando termines de usarlas en lugar de dejarlas tiradas por ahí. Cosas pequeñas e insignificantes como ésta, que podemos hacer a diario, tienen un gran impacto en nuestra calidad de vida. Dedica más tiempo y atención a las pequeñas cosas y empezarás a ver beneficios inconmensurables.

6. Gestión productiva del tiempo.

En este mundo tan ajetreado en el que vivimos hoy en día, la gestión del tiempo es extremadamente vital si se pretende tachar todo de la lista de cosas por hacer. Una persona media trabaja 40 horas a la semana, por desgracia sin incluir el tiempo que se tarda en ir al trabajo, y aún así tiene que sacar tiempo para cosas como el ejercicio, las relaciones, la socialización, la familia y la consecución de los objetivos que se ha fijado. Sin una gestión eficaz del tiempo, te será casi imposible completar todo lo que te propongas.

Es importante saber cómo gestionar adecuadamente el tiempo y ceñirse a los objetivos diarios o semanales. Principalmente, debes priorizar las actividades que necesitas completar para alcanzar las metas más grandes que te has propuesto. Si tienes problemas con la gestión del tiempo y no puedes poner en orden ni siquiera los asuntos más urgentes, esto afectará gravemente a tus objetivos a largo plazo que no requieren tu urgencia inmediata.

Para medir eficazmente si ciertas tareas son urgentes, importantes, insignificantes o de baja prioridad, debes tomarte un momento para considerar si la acción es beneficiosa o no. Los objetivos que entran en la categoría de "baja prioridad e insignificante" se conocen como pérdidas de tiempo. Esta categoría incluye cosas como navegar por las redes sociales en tu teléfono o ver tu serie favorita de Netflix. Las tareas que entran en la categoría de "no urgente pero importante" son probablemente los objetivos a corto plazo que te has marcado. Aunque no necesitas completarlas con urgencia, siguen siendo importantes para tu crecimiento personal, como hacer ejercicio o aprender nuevas habilidades. Las tareas que son tanto "urgentes como importantes" son probablemente los plazos, o cualquier responsabilidad que tenga que cumplir para el trabajo.

La capacidad de aumentar la productividad depende de la capacidad de gestionar el tiempo correctamente. Algunas de las personas con más éxito del mundo son increíbles gestores del tiempo. Todo el mundo tiene las mismas 24 horas en un día; no deberíamos utilizar este tiempo de forma derrochadora. Empieza a gestionar tu tiempo clasificando lo que tienes que hacer a lo largo del día con las categorías que he enumerado anteriormente. Primero, completa las tareas urgentes e importantes, y luego pasa a los objetivos que son menos urgentes, pero que siguen teniendo importancia. Deja las responsabilidades restantes que son de baja prioridad o no son importantes hasta que hayas completado todas tus tareas de mayor prioridad. De este modo, aprovecharás al máximo tu tiempo para alcanzar los objetivos más importantes y gratificantes.

7. Sé persistente.

La persistencia es un hábito que nos impide abandonar, incluso cuando nos enfrentamos al fracaso. La persistencia es lo que nos ayuda a volver a levantarnos y a seguir empujando hacia el éxito. Quizás te preguntes por qué. La respuesta es porque conseguir una alta productividad no es una habilidad fácil de obtener. Es realmente difícil. Desanimarse o distraerse es fácil y es algo que le ocurre a todo el mundo a lo largo de su camino. Abandonar para adquirir una gratificación instantánea requiere mucha menos energía y esfuerzo que seguir empujando a través de la adversidad. Sin embargo, si realmente se persigue el éxito, las dificultades que se requieren para alcanzar cualquier objetivo son simplemente algo en lo que hay que perseverar, pase lo que pase. Hay que entender que todas las personas de éxito del mundo han fracasado numerosas veces en repetidas ocasiones. El fracaso es simplemente una parte de la vida, y en lugar de evitarlo y no perseguir tus sueños en absoluto por miedo al fracaso, debemos aprender a perseverar y seguir adelante.

Hay muchos caminos que puedes recorrer para inculcar la perseverancia como hábito, pero el mejor y más eficaz es desarrollar el razonamiento de por qué deseas hacer las cosas en la vida que te propones. Si las intenciones detrás de tus objetivos son lo suficientemente fuertes, nada se interpondrá en tu camino.

8. Mejorar tu ciclo de sueño.

Cuando no duermes lo suficiente, tu cerebro gasta la mayor parte de su energía en apoyar tus funciones biológicas básicas. Este proceso no le deja mucha energía para gastar en ejercer su fuerza de voluntad, practicar la autodisciplina o impulsar la productividad. Obtener una cantidad adecuada y saludable de sueño es un requisito vital para lograr cualquier cosa a un alto nivel. Sin dormir lo suficiente, tu capacidad de concentración empieza a fallar junto con tu, juicio, estado de ánimo, salud general y dieta.

Muchos estudios de investigación han encontrado evidencia de que las personas que no reciben una cantidad saludable de sueño regularmente tienen un mayor riesgo de desarrollar enfermedades particulares. La falta de sueño también tiene un impacto significativamente negativo en tu sistema inmunológico. Esta deficiencia de sueño también puede hacer que te pongas enfermo con más frecuencia, lo que dificulta aún más tu capacidad para alcanzar tus objetivos diarios.

Para un adulto, una cantidad saludable de sueño debería oscilar entre siete y nueve horas cada noche. Si te cuesta seguir un sueño de calidad, evita comer o beber cualquier cosa que contenga cafeína al menos 5 horas antes de acostarte para que no afecte a tu ciclo natural de sueño. Toma nota para evitar ingerir demasiadas toxinas durante el día, como cigarrillos, alcohol, drogas o medicamentos recetados, si puedes evitarlo.

Los beneficios de dormir lo suficiente son extraordinarios y a menudo se pasan por alto. Aparte del hecho de que dormir lo suficiente puede ayudarte a mantener la concentración y a ser más productivo, también te ayuda a frenar la inflamación y el dolor, a reducir el estrés, a mejorar tu memoria, a aumentar tu creatividad, a agudizar tu atención, a mejorar tus notas, a limitar tus posibilidades de sufrir accidentes y a eludir la depresión.

Capítulo 3:

Manteniendo la mente clara

Para maximizar la productividad, la capacidad de mantener la mente clara y en el presente es crucial. Si estás constantemente saturando tu mente con un millón de pensamientos por minuto, te será muy difícil concentrarte en la tarea que tienes entre manos. En este capítulo, te enseñaré a utilizar la atención plena como técnica para aumentar tu productividad. Además, te enseñaré una estrategia para ayudar a que las tareas sean más manejables. Empecemos de inmediato.

Utilizar el mindfulness para mantener la concentración en el presente

La meditación mindfulness es una forma de práctica de entrenamiento mental que centra tu mente en tus pensamientos y sensaciones en el momento presente. Estos pensamientos y sensaciones incluyen tus emociones actuales, sensaciones físicas y juicios pasajeros. La meditación mindfulness suele incluir una práctica de respiración, imágenes mentales, conciencia de la mente y el cuerpo, y relajación muscular y corporal. Se suele recomendar a los principiantes que sigan una meditación guiada que les dirija durante toda la progresión. Sin una guía, puede ser muy fácil desviarse o quedarse dormido mientras se está en estado de meditación. Una vez que te vuelvas más hábil en la meditación de atención plena, podrás realizarla sin una guía vocal. Empieza de forma sencilla y ve aumentando la intensidad a medida que avanzas.

El mindfulness tiene muchos beneficios positivos y también puede ayudar a mejorar tu capacidad de atención. ¿Has notado alguna vez que eres incapaz de concentrarte en algo durante un tiempo prolongado? Un ejemplo común sería empezar a ver un nuevo programa de televisión. Es posible que te encuentres a la deriva después de los dos primeros minutos de un nuevo programa y termines haciendo algo por mala costumbre como desplazarte en tu teléfono con la televisión reproduciéndose en el fondo. Esta distracción se debe a la falta de atención. La meditación de atención plena combate este problema. Piensa en este tipo de meditación como una forma de levantar pesas en el gimnasio, pero para tu capacidad de atención.

Hablemos un poco de cómo podemos implementar el mindfulness en tu productividad laboral. Todos hemos experimentado la sensación de sentirnos abrumados y dispersos en el trabajo. Esta reacción puede estar causada por una sobrecarga de proyectos o por una sensación de desmotivación para completar las tareas actuales. ¿Sabías que la motivación en el trabajo está estrechamente relacionada con el mindfulness? Nuestra capacidad para mantenernos concentrados y atentos en el trabajo es una forma de reprogramar nuestra mente para pensar de forma más saludable y evitar el estrés. A continuación, se exponen algunos beneficios de cómo el trabajo consciente puede mejorar tu vida diaria.

En primer lugar, el mindfulness en el trabajo ayuda a reducir el estrés. El estrés es una de las causas principales de la falta de compromiso de los empleados. La Agencia Europea para la Seguridad y la Salud en el

Trabajo llevó a cabo un estudio en el que se descubrió que más de la mitad de los 550 millones de días de trabajo que se pierden cada año por absentismo están relacionados con el estrés. Además, el 80% de los empleados afirman sentir estrés en su lugar de trabajo y necesitan ayuda para aprender a gestionarlo. Hoy en día, algunas empresas con visión de futuro, como Google y Adobe, tienen programas de mindfulness incorporados en el lugar de trabajo para promover la reducción del estrés en los empleados. Sin embargo, si ya practicas la meditación, no tienes que preocuparte si tu lugar de trabajo no ofrece un programa como éste. Puedes hacerlo tú mismo.

El mindfulness en el lugar de trabajo también conduce a una mayor absorción de nueva información. Permitir que tu cerebro se tome un descanso para desarrollar nuevas habilidades, el pensamiento crítico y la resolución de problemas ayuda a aumentar el aprendizaje y la creatividad. No fomentar suficientes descansos y momentos para recomponerse del todo conduce a un mayor cansancio, estrés y bloqueo del pensamiento. Estos efectos son especialmente ciertos para aquellos que trabajan en empleos que requieren un periodo prolongado de concentración.

La adaptabilidad es una habilidad que puede aumentar cuando se es consciente en el trabajo. Ser capaz de adaptarse rápida y eficazmente es imprescindible en un entorno laboral. ¿Sabías que la mayoría de los empleadores valoran más el ingenio y la adaptabilidad que las habilidades duras? Las habilidades duras incluyen cosas como la codificación o la programación. La adaptabilidad significa que puedes ajustarte rápidamente a las nuevas situaciones y gestionar múltiples solicitudes en un momento dado. Cuanto más te expongas a diferentes formas de abordar las tareas, de aprender y de ganar confianza en los momentos de incertidumbre, más adaptable serás. La adaptabilidad es una de las características más importantes del desempeño de un liderazgo excelente. Suele estar presente en los líderes que pueden gestionar prioridades cambiantes y se sienten cómodos ajustando sus percepciones y creencias.

La capacidad de resolución de problemas también se ve reforzada cuando se trabaja de forma consciente. La resolución de problemas es la capacidad de eliminar el caos de la mente no entrenada. Eliminar ese desorden conduce a una mejor concentración, que en última instancia lleva a desatar el complicado nudo de la resolución de problemas. Además, el mindfulness ayuda a la resolución de problemas porque te libera de las distracciones y te da un nuevo ángulo desde el que atacar. Cuando te encuentres en el centro de un desafío, intenta practicar el mindfulness. Te sorprenderá el aumento de la capacidad para procesar la información de diferentes maneras que te ayudarán a encontrar una resolución.

Ser consciente también ayuda a facilitar la creatividad. El aspecto fundamental de la creatividad es el pensamiento divergente. El pensamiento divergente se refiere a la capacidad de concebir ideas que se salen de lo común. Practicando el mindfulness, puedes mejorar tu capacidad creativa, permitiéndote pensar de forma más innovadora. El mindfulness libera tu mente de las distracciones, lo que aumenta tu capacidad de ver las cosas a tu alrededor desde una nueva perspectiva.

Puedes reforzar tu vitalidad en el trabajo trabajando con atención plena. Por definición, vitalidad significa "fuerza física exuberante de vigor mental". Todos los días llegas al trabajo con una cierta cantidad de energía. Algunos días, si has dormido bien, puedes tener un alto nivel de energía. Sin embargo, otros días, si has dormido mal, puedes sentirte agotado; como si estuvieras corriendo con el tanque de gasolina vacío. Está comprobado que mantenerse concentrado y atento afecta a tu vitalidad, ya que te ayuda a mantenerte positivo y centrado en tus objetivos y sueños. Cuando tus aspiraciones son claras para ti, es más probable que trabajes hacia ellas con mayor vitalidad.

Puedes notar que tienes un mayor nivel de empatía hacia los demás. Todos hemos oído el dicho "ponerse en el lugar de otro". La empatía desempeña un papel muy importante a la hora de comprender la mente de otras personas y relacionarse emocionalmente con los demás. Practicar mindfulness en el trabajo nos permite tener el espacio en nuestro cerebro que necesitamos para expresar empatía hacia otras personas.

Guía de Meditación Mindfulness

Con tu nuevo conocimiento de cómo la atención plena puede ayudar a tu productividad en un entorno profesional, vamos a aprender a practicar la meditación mindfulness. El programa estandarizado para esto se llama programa de Reducción del Estrés Basado en el Mindfulness (MSBR). Este programa en particular se centra en tu conciencia y en llevar tu atención al presente. Este método se ha ido incorporando cada vez más a los entornos médicos para tratar muchas condiciones de salud, como el estrés, el dolor y el insomnio. Es bastante sencillo; sin embargo, contar con un profesor, un guía o un programa puede ayudar a orientarte al principio para tener las mayores posibilidades de éxito. La mayoría de las personas meditan al menos diez minutos al día, pero incluso un par de minutos pueden suponer una diferencia asombrosa en su bienestar. La siguiente técnica es una técnica básica que te ayudará a empezar:

1. Busca un lugar tranquilo en el que te sientas cómodo, por ejemplo, tu casa, tu oficina o un lugar en el que te sientas seguro. Siéntate en una silla o en el suelo. Asegúrate de que la cabeza y la espalda están erguidas y rectas, pero mantén una posición relajada. Tumbado también está bien, haz lo que te resulte cómodo en el entorno en el que te encuentres.

2. Intenta ordenar tus pensamientos y dejar de lado los que son del pasado y del futuro. Limítate a los pensamientos relacionados con el presente.

3. Dirige tu conciencia a tu respiración. Concéntrate en el sentimiento y la sensación del aire que recorre tu cuerpo al inhalar y de nuevo al exhalar. Fíjate en la forma en que tu vientre se infla y luego se hunde. Siente cómo el aire entra por las fosas nasales y sale por la boca. Presta atención a las variaciones de cada respiración.

4. Imagina cada pensamiento como viene y se va. Actúa como si estuvieras observando las nubes, dejando que pasen a tu lado mientras observas cada una de ellas. Tanto si el pensamiento es una preocupación, un miedo, una ansiedad o una esperanza, cuando estos pensamientos surjan, no los ignores ni trates de suprimirlos. Simplemente reconócelos, mantén la calma y aférrate a tu respiración.

5. Es posible que te encuentres a la deriva en tus pensamientos. Si esto ocurre, observa hacia dónde se ha ido tu mente y, sin hacer ningún juicio, vuelve simplemente a tu respiración. Ten en cuenta que esto ocurre a menudo con los principiantes; intenta no ser demasiado duro contigo mismo cuando esto ocurra. Utiliza siempre tu respiración como ancla de nuevo.

6. Cuando nos acerquemos al final de la sesión de 10 minutos, siéntate durante uno o dos minutos y toma conciencia de dónde te encuentras físicamente antes de volver al día que tienes por delante.

Para que puedas ampliar tu práctica de meditación mindfulness, te he proporcionado un ejemplo adicional de una técnica de mindfulness que puedes utilizar por tu cuenta.

Esta técnica de mindfulness ayuda a combatir la ansiedad y el estrés que pueden producirse cuando no se respira correctamente. ¿Has notado que tu respiración se ve muy afectada cuando te encuentras en una situación de estrés? Este ejercicio te ayudará a eludir los hábitos respiratorios poco saludables que pueden conducir a un deterioro de la salud física y psicológica, lo que conlleva una disminución de la productividad. Curiosamente, este tipo de meditación forma parte de la cultura y la tradición del yoga.

La conciencia de la respiración en la meditación:

1. Empieza por sentarte en un lugar cómodo con la espalda recta en una silla, un banco o incluso un cojín. Cierra los ojos y

descansa el cuerpo durante unos instantes. Intenta suavizar los lados de la caja torácica junto con la pared abdominal. Al hacerlo, tu respiración fluirá más profundamente. Empezarás a notar una sensación de limpieza al exhalar y una sensación de nutrición al inhalar. Sé paciente y deja que el movimiento relajado de la inhalación y la exhalación se suavice. Es probable que tardes varios minutos en sentir que no te supone ningún esfuerzo. Cuando lo hayas conseguido, estarás listo para continuar con el siguiente paso.

2. A continuación, relaja tu cuerpo, empezando por la cabeza hasta los dedos de los pies. Siente cómo la sensación de relajación fluye desde los dedos de los pies hasta la cabeza. Comienza a mover lentamente tu atención a través del cuerpo, liberando tensiones al igual que la técnica de escaneo corporal generalizado. Cuando termines, vuelve a la parte superior de la cabeza y siente todo tu cuerpo como un todo. Respira como si todo tu cuerpo estuviera tomando aire. Déjate llevar por el esfuerzo de tu respiración. A medida que pase el tiempo, continúe controlando su respiración.

3. Lleva tu conciencia al contacto del aire en las fosas nasales. Empieza a pasar de respirar con todo el cuerpo a respirar con las fosas nasales. Deja que se sienta natural y cómodo, y date unos minutos para hacerlo. Recuerda volver a centrar tu atención en la respiración si tu mente empieza a divagar en algún momento. A lo largo de las sesiones de práctica, entrénate para mantener la concentración e intenta no interrumpir la conciencia ni la respiración. Tu mente no dejará de pensar, así que no esperes que lo haga. En su lugar, mantén la conciencia en la respiración.

4. Cuando surjan pensamientos en tu mente, deja que vengan y se vayan. No centres tu atención y conciencia en los pensamientos que pasan, pero tampoco los conviertas en tu enemigo. Simplemente, deja que floten a tu lado como una nube. A medida que continúes con este ejercicio, la conciencia de tu respiración se profundizará. Poco a poco se volverá profundamente relajante y empezarás a notar cambios en el estado de tu cuerpo y tu mente. Estos cambios sutiles son

puntos de control críticos para tu concentración y señalan que tu meditación de conciencia de la respiración casi ha completado su trabajo interno.

Cómo iniciar tus labores

Aunque el mindfulness puede ayudarte a aumentar la concentración y a mejorar tu capacidad de atención, para que tenga pleno efecto debes empezar tus tareas. Vamos a hablar de un par de estrategias diferentes que puedes poner en práctica para asegurarte de que empiezas tus tareas.

- **Estrategia nº 1: El método del queso suizo**

La gente a menudo cree en este extraño mito de que necesita un gran trozo de tiempo ininterrumpido para lograr lo que sea que quiere lograr. Sin embargo, si no dispones de una gran cantidad de tiempo dedicado a trabajar en tu tarea, como ese informe que debes entregar en dos semanas, estás cometiendo un error al retrasarlo hasta que te encuentres con unas horas de tiempo ininterrumpido. En lugar de aplazarlo repetidamente, deberías intentar aplicar una técnica llamada "Enfoque del queso suizo". El queso suizo es un tipo de queso famoso por sus numerosos agujeros.

El Enfoque del Queso Suizo implica los siguientes elementos:

- Trabajar en pequeños "huecos" de tiempo. Proponte completar algún trabajo en solo 15, 20 o 30 minutos.
- Trabajar en tareas grandes haciendo pequeños "agujeros" de forma constante.

Este enfoque es eficaz por las siguientes razones:

- Una vez que empiezas a trabajar en una tarea, ya no te parece tan abrumadora o difícil como antes de empezar.

- Al hacer pequeños "agujeros" en una tarea, harás pequeños pero constantes progresos.

- Este enfoque te ayudará a crear una sensación de "impulso hacia delante"; te motivará a seguir haciendo más cosas una vez que empieces.

- Cada vez que completes una pequeña porción de la tarea, te dará una sensación de logro.

- Estarás haciendo un buen uso de pequeñas porciones de tiempo en lugar de perderlo por completo.

La próxima vez que te encuentres con solo 15 o 20 minutos para trabajar en tu tarea/proyecto, en lugar de decirte a ti mismo que no tienes suficiente tiempo, o de esperar a tener un bloque de tiempo más largo, hazte estas preguntas:

- "¿Hay algún pequeño 'agujero' en este proyecto por el que pueda empezar?"

- "¿Cómo puedo utilizar este tiempo para hacer un pequeño 'agujero' en mi tarea?"

- "¿Qué puedo hacer en 10 - 15 minutos?"

Si sigues haciendo "agujeros" en tus tareas y proyectos cada vez que tengas algo de tiempo libre, te sorprenderá ver que has conseguido mucho.

- **Estrategia nº 2: Dividir las tareas grandes en otras más pequeñas**

Una de las principales razones por las que puedes sufrir una baja productividad es que el trabajo que tienes que completar es demasiado abrumador. Empieza por dividir la tarea en objetivos más pequeños y céntrate en cumplirlos de uno en uno. Si después de dividir la tarea sigues queriendo posponerla, divídela aún más. Al final llegarás a un punto en el que la tarea que tienes que hacer es tan fácil que te sentirías muy mal contigo mismo si la evitaras.

Por ejemplo, imagina que uno de tus objetivos es gestionar mejor tu dinero. Es la temporada de impuestos y necesitas completar tus impuestos para entender tu situación financiera. Imagina que te sientes abrumado porque no sabes ni por dónde empezar a declarar impuestos. También tienes miedo de deber dinero al gobierno que quizás no tengas. Así es como yo desglosaría la gran y amplia tarea de "declarar impuestos":

1. Investigar la mejor manera de presentar los impuestos para los principiantes
2. Explorar mis opciones (ya sea descargando un software para el bricolaje o acudiendo a una empresa/agencia de declaración de impuestos)
3. Elegir la opción que más te convenga.
4. Reúne los documentos que se sugieren en función de la opción que hayas elegido en el paso n° 2
5. Sigue las instrucciones que te da el software de impuestos o el profesional de impuestos.

De repente, esa gran tarea de "presentar los impuestos" se hizo mucho más manejable. En lugar de pensar en la presentación de impuestos como una gran unidad, ahora estás empezando con una simple búsqueda en Google de la mejor manera de presentar los impuestos para los principiantes. A partir de ahí, ahora puedes tomar una decisión educada sobre qué método es el más fácil para ti para proceder. Al tomar las cosas un paso a la vez, tu mente se vuelve menos abrumada.

Capítulo 4:

Estrategias de productividad

Hay varias estrategias que te ayudarán a mejorar la productividad y a minimizar la procrastinación. Todos estos enfoques son sencillos pero eficaces. Sin embargo, es posible que tengas que averiguar qué enfoque funcionará mejor para ti. Identificar las estrategias más eficaces para tu estilo de trabajo es crucial para mejorar tu productividad a largo plazo.

Cómo eliminar las distracciones y las tentaciones

Hoy en día, nuestros hogares y espacios de trabajo están llenos de un sinfín de distracciones digitales. ¿Es posible deshacerse de todas ellas? No. La realidad es que dependemos tanto de la tecnología que el mismo equipo que nos ayuda a ser más productivos y eficaces es también el que nos trae un sinfín de distracciones. Si es posible, deberías apagar tu smartphone o silenciar las notificaciones, y alejar otras tentaciones como los videojuegos que pueden hacer que te desvíes.

Todo el mundo tiene su propio veneno o conjunto de distracciones/debilidades, y pueden ser desde cosas pequeñas como un tentempié poco saludable hasta algo que dificulte tu productividad, como jugar a un videojuego durante horas. Al conocer tus puntos débiles, puedes hacer adaptaciones para ti mismo que te ayuden a eliminar algunas de esas tentaciones.

Por ejemplo, si quieres perder peso y ponerte en forma, pero sabes que tu debilidad es que siempre comes helado de chocolate después de cenar todas las noches. Tu primera prioridad sería eliminar esa tentación. La próxima vez que salgas a comprar comida, evita ese helado de chocolate a escondidas en la caja. Al no tener chocolate en casa, no podrás caer en la tentación de darte un capricho, lo que dificultará tu maravilloso progreso en el gimnasio. Sin embargo, esto no significa que no puedas volver a comer helado de chocolate. Esta medida simplemente significa que es preferible que te des un capricho cuando hayas alcanzado una determinada parte de tu objetivo. Utiliza este sistema de recompensa para felicitarte por tu esfuerzo y trabajo. Recuerda que premiarse a sí mismo es importante también para la autodisciplina.

Lo primero que debes hacer es averiguar cuáles son tus debilidades y distracciones. ¿Eres una persona que se pasa el día mirando el teléfono? ¿O te gusta merendar en momentos inadecuados? Dependiendo de cuáles sean tus objetivos, elimina esas tentaciones en la medida de lo posible. Para alguien que intenta seguir una dieta saludable, deshazte literalmente de toda la comida basura de tu casa para no caer en la tentación. Si necesitas completar un informe de trabajo, desconecta la televisión, los videojuegos y apaga tu smartphone hasta que termines las tareas necesarias. Una idea alternativa podría ser encontrar un entorno de trabajo alejado de estas distracciones, quizás llevando el portátil a un banco del parque o a la biblioteca. Si estas opciones no están disponibles, retrasa la gratificación instantánea todo lo que puedas.

Sistema de recompensas

Como todo en la vida, es necesario que te des un respiro y te recompenses. Date algo que te haga ilusión planeando una recompensa adecuada cuando cumplas tus objetivos. Este concepto no es muy diferente al de cuando eras un niño pequeño y recibías un premio de tus padres por mostrar un buen comportamiento. Cuando una persona tiene algo que le hace ilusión, le da la motivación extra necesaria para tener éxito.

¿Te gustan las galletas de chocolate? Entonces regálate una galleta cuando termines con tus tareas. ¿Te gusta jugar a los videojuegos? Entonces permítete jugar dos horas a los videojuegos cuando termines con tu trabajo. ¿Y una copa de vino? ¿Te gusta el vino? Permítete tomar una copa de vino cuando termines tu trabajo.

La anticipación es algo poderoso. Te da algo en lo que centrarte para que no te quedes pensando solo en todas las cosas que tienes que cambiar. Cuando hayas conseguido uno de tus objetivos, puedes encontrarte con una nueva meta y un nuevo medio para seguir motivándote a avanzar. Sin embargo, la recompensa no debe ser perjudicial para ti. Por ejemplo, si estás intentando reducir tu consumo de alcohol, tu recompensa por no beber tan a menudo como antes no debe ser que te vayas a dar un atracón de alcohol el próximo viernes. Lo último que querrás es desbaratar tus esfuerzos anteriores volviendo a tus viejos hábitos.

La técnica Pomodoro

La técnica Pomodoro es un método inventado por Frances Cocirillo en los años 80 que ayuda a las personas a gestionar mejor su tiempo, haciéndolas más productivas, centradas y astutas. Para mucha gente, su enemigo es el tiempo. La gente va constantemente a contrarreloj para completar proyectos o cumplir plazos. El método Pomodoro te enseña a trabajar *con* el tiempo en lugar de luchar contra él, utilizando un temporizador para dividir el trabajo en intervalos, separados por breves descansos entre ellos. La idea que subyace a esta técnica es que el temporizador infunde una sensación de urgencia, en lugar de sentir que se dispone de un tiempo infinito para completar las tareas. La técnica Pomodoro consta de cinco sencillos pasos:

1. Identifica una lista de tareas que quieras completar.

Las tareas pueden ser de todo tipo. Puede ser una tarea grande, como la remodelación del baño, o una pequeña tarea, como la limpieza de los armarios de la cocina. No importa la tarea que elijas, siempre que merezca toda tu atención.

2. Poner un temporizador para 25 minutos.

El siguiente paso es hacerse una promesa a sí mismo. Ponte de acuerdo en que vas a dedicar 25 minutos a esta tarea y que no te vas a interrumpir. Parece fácil, ¿verdad? Al fin y al cabo, 25 minutos es muy poco tiempo.

3. Trabaja en la tarea establecida hasta que suene el temporizador.

Sumérgete por completo en esa tarea establecida durante 25 minutos. Si te viene a la mente algo más que tienes que hacer, anota mentalmente que lo harás en otro momento. Este bloque de tiempo asignado se establece solo para tu tarea específica.

4. Tómate un breve descanso de 5 minutos.

Lo has hecho bien. Ahora, es el momento de tomarse un pequeño descanso. Este descanso puede incluir lo que quieras. ¿Quieres meditar? ¿Quieres preparar una taza de café? ¿Quieres sentarte y descansar un rato? Sea lo que sea, ahora es el momento de hacerlo. Tu mente y tu cuerpo te lo agradecerán después.

5. Aclara y repite.

Este proceso debe repetirse cuatro veces para completar un ciclo Pomodoro. Una vez que hayas terminado de trabajar con los anillos de cuatro temporizadores, o lo que llamamos "Pomodoro", puedes darte un descanso más largo. Entre 20 y 30 minutos es una buena cantidad de tiempo para un descanso. Durante este tiempo, tu cerebro asimilará la nueva información y se tomará un descanso antes de la siguiente ronda de Pomodoro. Sigue repitiendo este proceso a lo largo del día si es necesario.

La regla de los dos minutos y la motivación

Algunas personas utilizan la excusa de que "no tienen suficiente tiempo para hacerlo ahora". Sin embargo, esta perspectiva tiene un gran fallo. Siempre habrá tiempo para trabajar en algo; solo tienes que revisar tus prioridades.

La regla de los dos minutos está dirigida a quienes intentan crear nuevos hábitos. En la mayoría de los casos, cualquier nuevo hábito puede reducirse a una versión de dos minutos. Por ejemplo, "leer antes de acostarse cada noche" se convierte en "leer una o dos páginas". "Aprender a tocar el piano" se convierte en practicar el "Modo Mixolidio" durante dos minutos. La idea de esta estrategia es eliminar todas las excusas para empezar. No hay escapatoria. Quién no tiene dos minutos libres para practicar rápidamente su nuevo hábito. Una gran ventaja de esto es que una vez que has empezado una tarea es mucho más fácil continuar con el proyecto. ¿Alguna vez has temido empezar un proyecto para descubrir que, una vez que lo has empezado, has trabajado durante horas y horas? Una locura, ¿verdad? Se trata de la repetición y de inculcar la idea de empezar a trabajar en tu proceso de pensamiento. Si sigues trabajando, estupendo, ese era nuestro objetivo. Si no lo haces, no pasa nada, siempre puedes volver a intentarlo más tarde. Con el tiempo será cada vez más fácil. El objetivo es simplemente empezar.

Es posible que a menudo pospongas la realización de ciertas tareas hasta que estés "de humor" o "te sientas inspirado". Decirte a ti mismo que estás esperando un determinado estallido de motivación no es más que una procrastinación disfrazada. En lugar de esperar a que llegue una sensación de inspiración antes de empezar con tu tarea/trabajo, tienes que decirte a ti mismo con firmeza que ese trabajo tiene que hacerse independientemente de lo mucho o poco inspirado que te sientas. Al hacer esto, descubrirás que la inspiración se convierte en un producto de la disciplina. Cuando empieces a trabajar en la tarea que te has propuesto, empezarás a sentirte realizado, lo que te llevará a un impulso de auténtica inspiración. Simplemente, deja de perder el tiempo esperando que te llegue la sensación de inspiración. Como dijo una vez Picasso: "La inspiración existe, pero tiene que encontrarte trabajando".

Otra excusa es que puedes estar "demasiado cansado" o "demasiado estresado" para realizar ciertas tareas. Esta es, por sí sola, la excusa más utilizada en el mundo de la procrastinación. Si te encuentras en un estado de ánimo negativo, lo único que querrás hacer es dejar de trabajar y encontrar una gratificación instantánea de cualquier forma. Esta otra actividad podría ser simplemente sentarse en casa a relajarse, darse un capricho o salir a tomar una cerveza. Entonces podrías racionalizar que terminarías tu trabajo más rápido y serías más productivo si lo volvieras a intentar en un momento posterior, cuando te sintieras mejor. Hay que tener en cuenta dos aspectos importantes. En primer lugar, es imposible saber qué estado de ánimo tendrás en el futuro. Por lo que sabemos, podrías estar del mismo humor mañana y caer en la misma excusa en una especie de bucle improductivo. En segundo lugar, no es un pensamiento común, pero trabajar en una tarea difícil puede realmente mejorar tu estado de ánimo. La sensación de logro y satisfacción que se obtiene al terminar una tarea, por muy agradable o desagradable que sea, a menudo te levanta del mal humor. Sobre todo si después puedes obtener una recompensa.

Lo creas o no, la motivación surge cuando pasas a la acción. No aparece sin más. Si lo hiciera, todo el mundo sería capaz de completar su trabajo y la procrastinación ni siquiera existiría. La gente suele tener una mentalidad errónea en la que piensan que necesitan sentirse completamente motivados antes de empezar a trabajar en una tarea/trabajo. Esta mentalidad no es realista. Cuando ves el progreso, empiezas a ver los frutos de tu trabajo, y te sientes motivado para seguir trabajando hasta que puedas disfrutar de ese "fruto". Puede que te preguntes, ¿qué pasa con la motivación que se necesita para empezar a trabajar del todo? La respuesta a esto es que necesitas entender POR QUÉ estás haciendo un trabajo. Antes incluso de empezar a trabajar en él, debes saber cuáles van a ser los beneficios. A menudo es aquí donde puede obtener cierta motivación inicial, ya que puede visualizar el objetivo final de realizar esta tarea en particular.

Al comprender los beneficios de la realización de una tarea o trabajo, puedes estimar plenamente su importancia. Además, debería utilizar el sistema de prioridades para quitar de en medio el trabajo más urgente e importante. En lo que respecta a las tareas/trabajos más pequeños, el simple hecho de comprender los beneficios de completar esa tarea debería ser suficiente motivación. Para las tareas y trabajos de mayor envergadura, debes tener una forma de medir tu progreso para ganar motivación y confianza en tu trabajo a medida que avanzas.

Bloqueo del tiempo

Esta técnica es otra sencilla que funciona de maravilla: bloquea tu tiempo en el calendario. Anota TODO en tu calendario. Ya sean conferencias telefónicas, reuniones o incluso una hora de copas con tus amigos, anótalo todo. Una vez que los eventos o las tareas estén en tu calendario, no debería haber lugar para excusas de por qué no puedes hacerlo; has dejado tiempo para ello. Anota cosas como el ejercicio, la merienda e incluso un descanso de 15 minutos: esto te ayudará a dividir el día para mantenerte alerta para otras tareas. Puede parecer tedioso al principio, pero introducir todo lo que se te ocurra te permitirá tener una visión completa de cómo se desarrollará tu día.

Llenar tu calendario es crucial, ya que te obliga a completar cada tarea; de lo contrario, todas las demás tareas se ven comprometidas. Si dejas las cosas para más tarde y no cumples con el calendario, los eventos divertidos y de ocio que hayas programado en tu agenda se irán retrasando hasta que ya no tengas tiempo para disfrutar de esas ocasiones. Tener un calendario lleno te ayudará a evitar usar la excusa de "lo haré mañana". Un viejo refrán dice: "nunca dejes para mañana lo que puedas hacer hoy". En lugar de resistirte a la tentación, intenta pensar que te estás haciendo un favor a ti mismo. Al planificar tu calendario con unos días de antelación, SABES que tienes tiempo para hacer una tarea hoy y que no puede esperar a mañana porque, adivina, ¡también tienes todo reservado ese día!

Juega con tu lista de tareas

Para aquellos que procrastinan mucho, esta técnica les ayudará a hacer que vencer la procrastinación sea una experiencia divertida. Puedes hacerlo de muchas maneras; el método más popular es establecer un sistema de puntos para ti mismo. Escribe una lista de tareas que tienes que hacer en tu día y asocia un punto a cada una de ellas. Establece algunas recompensas que cuesten una determinada cantidad de puntos. Por ejemplo: una hora de videojuegos esta noche - 3 puntos y pedir comida a domicilio en tu restaurante favorito 6 puntos. Cada vez que completes una tarea de tu lista de tareas, ganarás un punto. Luego puedes canjear tus puntos por un premio de tu elección.

Si no puedes responsabilizarte de esta técnica, es bueno que otra persona participe. Pídele a tu compañero de piso, a tu pareja o a un familiar que controle cuántos puntos tienes y asegúrate de no aceptar un premio cuando no tengas suficientes puntos. Este ejercicio hace que completar las tareas sea divertido, y si tienes una naturaleza competitiva, probablemente destrozarás muchas más tareas de las que necesitabas en esa lista.

Fijación de objetivos

Una parte importante de la mejora de la productividad consiste en asegurarse de no perder de vista tus objetivos. Asegúrate de definir claramente tus objetivos y averiguar qué es lo más importante para ti. Para ello, practica la técnica de fijación de objetivos activa. Como hemos comentado anteriormente, la fijación de objetivos activa difiere en gran medida de la fijación de objetivos pasiva. La fijación de objetivos pasiva significa que estás estableciendo objetivos que carecen de detalles y planificación. Esto hace que te resulte difícil hacer un seguimiento de tu progreso y saber qué es lo que queda por hacer para lograr ese objetivo. La fijación de objetivos activa es todo lo contrario. La fijación activa de objetivos es el acto de escribir estos objetivos y asegurarse de que tienen un significado importante y definitivo. Es crucial que estos objetivos sean medibles y muy específicos. Para conseguir un objetivo activo, hay que definir un camino para alcanzarlo. Así que toma tus objetivos a largo plazo, haz una ingeniería inversa de un camino hacia esa meta, y dedícate a los objetivos diarios más pequeños para lograr esa meta más grande.

Si aún no lo has hecho, ¡toma un bolígrafo y empieza a escribir tus objetivos!

Externalización de tareas

Normalmente, si te enfrentas a algo que no quieres hacer, es más probable que procrastines, y que experimentes una disminución de los niveles de productividad. Si esto es algo habitual, comprueba si puedes evitar esta tarea delegándola, automatizándola o eliminándola por completo. Aquí tienes algunos consejos que puedes probar:

- Comprueba si realmente necesitas realizar esta tarea
- Pregúntate si hay otra persona que esté mucho más capacitada para realizar esta tarea. Si es posible, puedes intercambiarla o delegarla (por ejemplo, si a otra persona le gusta más ese trabajo, podrías ofrecerle un intercambio por un trabajo suyo que te guste más)
- Si tu tolerancia a la frustración es baja, intenta dividir el trabajo en partes más pequeñas y completarlas de una en una
- Si tu tolerancia a la frustración es mayor, puedes programar un bloque de tiempo en el que elimines todas las distracciones y te dediques solo a esta tarea hasta terminarla.

Si subcontratas un trabajo/tarea, recuerda que probablemente tendrás más éxito si asignas esta tarea específica a alguien que sabes que la disfrutará. Al elegir a alguien con interés en esa tarea, completará el trabajo de forma mucho más rápida y con un mayor nivel de calidad.

La regla del 80-20

En lo que respecta a la productividad, una regla general es que siempre hay que realizar primero las tareas más importantes. Un buen sistema que puedes probar es la regla del 80-20. La regla del 80-20 también se conoce como el Principio de Pareto. Esta regla se basa en la idea de que el 80% de los resultados se derivan del 20% de todas las entradas y causas de un evento determinado. Imagina la diferencia de ajustar el 80% delegando o eliminando las tareas sin importancia y dejando más tiempo para el 20%. Piensa en el impacto que podría tener en tu negocio, en tus entrenamientos o en tu vida.

He aquí un ejemplo de la regla del 80/20 en acción. Un conocido mío estaba buscando aumentar sus ventas en un modelo de negocio basado en comisiones. Al analizar sus márgenes de beneficio se dio cuenta de que el 20% de su base de clientes contribuía al 80% de sus beneficios. Sin embargo, dedicaba la misma cantidad de tiempo a los clientes de baja rentabilidad que a los de alta rentabilidad. Te parecerá un poco raro, ¿verdad? El primer instinto de mi socio fue delegar amable y educadamente a otros profesionales del sector para que se encargaran de su base de clientes de baja rentabilidad en la que él ya no estaba centrado. Su segundo movimiento fue cambiar su enfoque y comenzó a peinar su base de clientes de alta rentabilidad para entenderlos más como un grupo demográfico. Con este nuevo conocimiento de su audiencia fue capaz de refinar sus criterios para los nuevos clientes y aumentar sus ingresos astronómicamente.

La Ley de Parkinson

La ley de Parkinson afirma que "el trabajo se expande para llenar el tiempo disponible para su realización". Esto significa que si asignas una semana para completar una tarea de tres horas, entonces psicológicamente sentirás que esa tarea aumenta en complejidad y se vuelve más desalentadora, de modo que llena el tiempo de una semana.

Puede que esta tarea ni siquiera merezca una semana entera de tiempo, pero solo la tensión y el estrés de tener que hacer esa tarea te cansarán. Si aprendes a asignar la cantidad de tiempo correcta para completar una tarea, recuperarás más tiempo y tu tarea se reducirá naturalmente en complejidad.

La cuestión es que debes aplicar la ley de Parkinson a tus tareas y plazos específicos. Por ejemplo, si uno de tus objetivos es terminar de construir una estantería, reduce el tiempo que crees que necesitas a la mitad. Si adivinaste que te llevaría tres horas, date una hora y media para hacerlo. Amplía esta medida al resto de tus tareas. Haz una lista de todas las tareas que tienes que hacer y divide cada una de ellas por la cantidad de tiempo que te llevará completarla. A continuación, date solo el 50% de ese tiempo. Trata este plazo como lo harías con cualquier otro. Si dijiste que te darías 30 minutos, no te des una hora en secreto. Intenta hacerlo en 30 minutos.

Al principio de este ejercicio, es posible que te des cuenta de la exactitud de tus previsiones de tiempo. Algunas tareas pueden ser exactas, mientras que otras se han inflado increíblemente. Aquellas tareas que dan en el clavo en cuanto al tiempo pueden ser tareas que no puedes completar más rápido, por lo que es posible que tengas que conceder más tiempo cuando sea necesario. Sin embargo, las tareas en las que sientas que el tiempo está excesivo, redúcelo al menos a la mitad y sigue intentando competir con el reloj. El uso de un temporizador digital si está trabajando en el ordenador será muy útil en esta situación. El uso de un temporizador te permitirá ver el tiempo que te queda mientras trabajas e infundir un sentido de urgencia. También te mostrará segundo a segundo cuánto estás completando y cuánto tiempo te queda para completar el resto de tus tareas.

Conclusión

En primer lugar, me gustaría decir que has dado el primer y más difícil paso en este viaje para mejorar tu productividad. Como habrás aprendido, no es fácil reunir la motivación para realizar las tareas y superar la gratificación instantánea, pero tampoco es necesario. Dado que has decidido aprender nuevas ideas que te ayuden a ser más productivo, ya has dado un gran paso en la dirección correcta. Ahora entiendes numerosos factores que afectan a la productividad de un individuo, como la procrastinación, los hábitos y el autocontrol. Comprender los pilares fundamentales de la productividad te ayudará a mejorar las habilidades más importantes para ayudarte a conseguir más cosas para ti.

La constancia es la clave aquí cuando se busca mejorar en cualquier nivel. Nuestros hábitos diarios son vías neuronales muy arraigadas en nuestro cerebro que se afianzan con el tiempo. Si has tardado diez años en adquirir el mal hábito de no hacer ejercicio, es probable que necesites un esfuerzo o un empujón decente para salir de esa rutina. A pesar de que al principio suena desalentador, te prometo que será más fácil cuanto más constante seas con ello. Desarrollar hábitos saludables es lo mismo. Si eres constante con tu mindfulness y ejercitas las numerosas técnicas que has adquirido, reeducarás tu forma de pensar. Una vez que tus hábitos saludables estén profundamente arraigados, ya no tendrás que pensar en ello. Ese es el nivel que quieres obtener. Automatización.

No todas las técnicas de productividad funcionan perfectamente para todo el mundo. Algunas personas pueden encontrar ciertas técnicas extremadamente efectivas, pero otras pueden encontrar esas mismas técnicas no tan útiles. Averigua qué técnicas funcionan mejor contigo y utilízalas para combatir tu procrastinación. Todo el mundo es diferente; la prueba y el error son la clave aquí. Ten en cuenta que estas técnicas requieren varias semanas de práctica y repetición para ser efectivas. No esperes cambiar de técnica si no ves progresos después de unos días. Dale a cada una de ellas algo de tiempo para que se incorpore a tus vías neuronales.

Una cosa importante que quiero señalar antes de terminar esto es que todo el mundo tiene lapsos y recaídas al alterar su estructura mental. Al igual que los que luchan contra la ansiedad, la depresión o la autoestima, las personas que luchan contra los bajos niveles de productividad pueden a veces recaer en sus malos hábitos. Esto está completamente bien. La cuestión es que te perdones a ti mismo y sigas practicando las técnicas. El hecho de que hayas recaído una, dos o diez veces no significa que hayas fracasado. Aquí no hay fracaso. Así que si un día decides darte un atracón de tu serie favorita de Netflix en lugar de trabajar en un trabajo que tienes que entregar en una semana, no pasa nada. Puede que te sientas culpable en ese momento, pero eso no significa que debas abandonar el proceso por completo. Simplemente acepta el hecho de que has tenido un lapsus, averigua qué hiciste mal en ese momento y aplícalo a tu crecimiento futuro. Mantén la cabeza alta y sé constante. Lo único que se interpone en tu camino eres tú mismo, ¡así que deja de procrastinar y hazlo!

www.ingramcontent.com/pod-product-compliance
Lightning Source LLC
Chambersburg PA
CBHW071757080526
44588CB00013B/2283